BEI GRIN MACHT SICH IHR WISSEN BEZAHLT

AF144502

- Wir veröffentlichen Ihre Hausarbeit, Bachelor- und Masterarbeit

- Ihr eigenes eBook und Buch - weltweit in allen wichtigen Shops

- Verdienen Sie an jedem Verkauf

Jetzt bei www.GRIN.com hochladen
und kostenlos publizieren

Helene Erwin

Der Beitrag von Schule und Lehrern zur Reproduktion von Bildungsungleichheit

GRIN Verlag

Bibliografische Information der Deutschen Nationalbibliothek:

Die Deutsche Bibliothek verzeichnet diese Publikation in der Deutschen National-
bibliografie; detaillierte bibliografische Daten sind im Internet über http://dnb.d-
nb.de/ abrufbar.

Impressum:

Copyright © 2010 GRIN Verlag GmbH
Druck und Bindung: Books on Demand GmbH, Norderstedt Germany
ISBN: 978-3-640-76010-7

GRIN - Your knowledge has value

Der GRIN Verlag publiziert seit 1998 wissenschaftliche Arbeiten von Studenten, Hochschullehrern und anderen Akademikern als eBook und gedrucktes Buch. Die Verlagswebsite www.grin.com ist die ideale Plattform zur Veröffentlichung von Hausarbeiten, Abschlussarbeiten, wissenschaftlichen Aufsätzen, Dissertationen und Fachbüchern.

1. Einleitung

Jedem Kind muss – ohne Rücksicht auf Stand und Vermögen der Eltern – der Bildungsweg offen
stehen, der seiner Bildungsfähigkeit entspricht.[1]

Bildung und schulischer Erfolg sind mitunter abhängig von dem Geschlecht des Schülers,
der Nationalität und sozialen Herkunft. Besonders in Bezug auf die soziale Herkunft und deren Einfluss auf den Bildungserfolg eines Einzelnen hat Deutschland in internationalen Studien unterdurchschnittlich abgeschnitten.[2] Auch in Anbetracht der regionalen Disparitäten weist Deutschland deutliche Unterschiede bei den Lebensbedingungen auf, sei es in Bezug auf Infrastruktureinrichtungen[3] oder auch Bildungsangebote[4]. Es herrscht somit eine gravierende Ungleichheit zwischen den einzelnen sozialen Gruppen und Regionen in Anbetracht der erreichten Bildungsergebnisse.[5] Eine Rechtfertigung wird vor allem bei der Gesellschaft gesucht, da biologische beziehungsweise naturgegebene Ursachen außen vorgelassen werden.

Deutlich entscheidender ist jedoch nicht die Analogie des Ergebnisses, sondern die Chancengleichheit, um überhaupt die Möglichkeit zu haben, ein zufriedenstellendes Resultat zu erzielen und später eine gute soziale Position zu erreichen. Diese Positionen stehen prinzipiell jedem Menschen offen, doch muss über gewisse Fähig- und Fertigkeiten verfügt werden, um die erwarteten Leistungen bringen zu können.[6] Die Entscheidung, ob eine Person für die ent-

---

1 KMK – Sekretariat der Ständigen Konferenz der Kultusminister der Länder in der Bundesre-publik Deutschland, 2003: Übergang von der Grundschule in die Schulen des Sekundarbereichs I. Informationsunterlage. Bonn: (II A1/ Fu – 2411). S. 4.
2 Vgl. Baumert, Jürgen: PISA 2000. Basiskompetenzen von Schülerinnen und Schülern im internationalen Vergleich. Opladen:. Leske + Budrich. 2000. S. 567.
3 Vgl. Korczack, Dieter: Lebensqualität-Atlas. Opladen: Westdeutscher Verlag. 1995. S.112.
4 Vgl. Bargel, Tino und Manfred Kuthe: Regionale Disparitäten und Ungleichheiten im Schulwesen. In: Peter Zedler (Hrsg.): Strukturprobleme, Disparitäten, Grundbildung in der Sekundarstufe I. Weinheim: Deutscher Studien Verlag. 1992. S. 103.
5 Vgl. Ditton, Hartmut: Der Beitrag von Schule und Lehrern zur Reproduktion von Bildungsungleichheit. In: Becker, R./Lauterbach, W. (Hrsg.): Bildung als Privileg. Erklärungen und Befunde zu den Ursachen der Bildungsungleichheit. Wiesbaden: Verlag für Sozialwissenschaften. 2. aktualisierte Ausgabe 2007. S. 251.
6 Vgl. Koller, Peter: Soziale Gleichheit und Gerechtigkeit. In: Hans-Peter Müller und Bernd Wegener (Hrsg.): Soziale Ungleichheit und soziale Gerechtigkeit. Opladen: Leske + Budrich. 1995. S. 62

sprechende Position geeignet ist, wird anhand von Kriterien wie Leistung, Können und Anstrengung festgemacht. Sozialer Auf- und Abstieg ist also möglich. Die Eingangsvoraussetzungen sind gute schulische Leistungen in Form von entsprechenden Schulabschlüssen und können theoretisch in einem offenen Wettbewerb, der Schule, barrierefrei erreicht werden. Doch genau diese Barrierefreiheit ist nicht gewährleistet. Die Kultusministerkonferenz (KMK) spricht in ihrer Schrift aus dem Jahr 2003 von der Möglichkeit, dass jedem Kind, unabhängig seiner sozialen Herkunft, der Bildungsweg entsprechend seiner Bildungsfähigkeit offen steht. Doch genau die Aspekte der Herkunft und der Bildungsfähigkeit gelten nicht nur unabhängig voneinander, sondern sind auch dependent. Fraglich ist auch, ob die Schule der verantwortliche Faktor zur Kompensation von ungleicher Bildungsfähigkeit ist. Die Vorstellung der KMK ist eher eine ideologisierte „Pseudo-Legitimation der sozial selektiven Mechanismen"[7], da die Herkunftsfaktoren bei der schulischen Leistung nicht außen vor gelassen werden können. Bestehende Strukturen werden durch die Aussage nur legitimiert und gefestigt.

Die ungleichen Bildungserfolge und die damit einhergehenden späteren (beruflichen) Chancen haben verschiedene Ursachen. Ausschlaggebende sind hierbei individuelle, familiäre, schulische und Kontextbedingungen. Diese Bedingungen entsprechen den primären[8] beziehungsweise kulturellen und den sekundären[9] oder positionsspezifischen Herkunftseffekten, die 1974 von dem französischen Soziologen Raymond Boudon erstmalig als solche benannt wurden.

---

7 Ditton 2007 S.252.
8 Die primären Herkunftseffekte (Primary effects of Stratification) beinhaltet die schichtenspezifische schulischen Leistungsverhalten, das sich aus dem familiären Status (Kulturelles Kapital) und der damit verbundenen Sozialisation des Kindes zusammensetzt. Zu diesen Effekten gehören Aspekte wie beispielsweise die eigene Persönlichkeit, kognitive Leistungen, Motivation, das Arbeits- und Sozialverhalten. Je intensiver das Kind in den ersten Jahren gefördert wird, desto höher ist die Wahrscheinlichkeit, dass es später erfolgreich sein wird. Ungleichheiten zum Anfang der Schullaufbahn verstärken sich im Laufe der Jahre eher als das sie schrumpfen. (Quelle: Boudon 1974, S.29f)
9 Bei den sekundären Herkunftseffekten handelt es sich um die Abwägung der Eltern, durch eine Kosten-Nutzen-Kalkulation (Benefit-cost-utility) sich für einen bestimmten Bildungsweg zu entscheiden. Die Bildungsrendite wird hierbei mit den Kosten der Ausbildung abgewogen. Zu tragen kommen hierbei Aspekte wie die elterliche Bildung, ebenfalls wie Geld und Prestige des Elternhauses und generell der sozialen Herkunft des Kindes. (Quelle: Boudon 1974, S. 30f)

In dieser Ausarbeitung liegt das Hauptaugenmerk auf dem schulischen Aspekt inklusive der Thematik der Übergangsempfehlung durch den Lehrer.

Die Arbeit basiert auf dem [...] *Beitrag von Schule und Lehrern zur Reproduktion von Bildungsungleichheit* von Hartmut Ditton aus dem Jahr 2007 und wird durch neuere einschlägige Fachliteratur in Bezug auf soziologische Untersuchungen in den Bereichen Bildungspolitik und Chancenungleichheit ergänzt. Die PISA- und IGLU-Studien aus den Jahren 2001, 2003 und 2006 werden ebenfalls berücksichtigt und miteinbezogen.

Anfänglich werden im Kapitel 2 die gegenwärtigen Missstände in Bezug auf soziale Herkunft aufgezeigt. Der Rational-Choice-Ansatz[10] bietet hier eine hinreichende Erklärung, wieso sich Eltern für oder gegen eine gewisse Schulform entscheiden (müssen).

In dieser Ausarbeitung wird sich auf das soziale Umfeld und dem damit verbundenen Status bezogen. Mögliche Unterschiede und damit verbundene Diskriminierungen in Bezug auf Geschlecht, Rasse, Religion und Politik werden außen vorgelassen und somit nicht thematisiert.

Kapitel 3 bezieht sich auf die Lehrerempfehlungen und beinhaltet zur Verdeutlichung die aktuellen Forschungsstände aus den IGLU- und PISA-Studien.

Abschließend werden im vierten Kapitel die hier genannten Fakten zusammengefasst und daraus ein Fazit zur möglichen Verbesserung und Egalität der Laufbahnempfehlungen gezogen.

---

10 Mit einem geringstmöglichen Einsatz (Kosten) soll der maximale Gewinn (Nutzen) erlangt werden. Die Nutzenmaximierung steht hierbei im Vordergrund.

2. Rational-Choice

Durch die Wahl der weiterführenden Schule wird eine wichtige Entscheidung für das weitere Leben des Kindes getroffen.[11] Spätere Korrekturen sind schwierig und wenn eher von Kindern aus höheren Schichten zu bewerkstelligen.[12] Grundlegende Kompetenzen werden auf den jeweiligen Schulformen erworben und entsprechend den gegenwärtigen Leistungen und dem späteren Berufswunsch wird gewählt.[13] Meist steht die weiterführende Schule bereits bei der Einschulung, spätestens nach der zweiten oder dritten Klasse fest.[14] Eine wichtige Vermittlungsgröße in Bezug auf Bildungsungleichheit ist also die schulische Leistung, die wiederum stark mit der sozialen Herkunft verknüpft ist. Je höher die Bildungsaspiration der Eltern, umso größer ist die Wahrscheinlichkeit, dass das Kind später das Gymnasium besucht.[15]

Soziale Schichtunterschiede führen zu ungleich verteilten Bildungschancen. Das Elternhaus, das mit einem hohen Bildungsniveau versehen ist, fördert sein Kind im erheblich höheren Maße als dies Menschen aus niedrigem Stand tun. Kinder wachsen bei höherer sozialer Herkunft mit vielen Büchern auf, besuchen Konzerte und bekommen bei möglichem Förderbedarf passende Hilfestellungen. Musikalische Früherziehung gehört hier genauso zum Alltag wie der Besuch beim Ballettunterricht

Bei einem geringen, vielleicht nur für den Lebensstandard möglichen Einkommen, ist individuelle Förderung des Kindes aufgrund von fehlenden finanziellen Mitteln seltener möglich. Durch die sozio-ökonomische Lage der Eltern wird die bildungsspezifische Entwicklung des Kindes also immens geprägt. Je höher die Sozialschicht, desto mehr wird in die Bildung des Kindes und auch der gesamten Familie investiert. Entsprechend werden Kinder mit unterschiedlichen Fertig- und Fähigkeiten eingeschult. Von Anfang an herrscht somit eine Hetero-

---

11 Vgl. Blossfeld, Hans Peter: Sensible Phasen im Bildungsverlauf. Zeitschrift für Pädagogik 34 2008. S. 57.
12 Vgl. Henz, Ursula: Der Beitrag von Schulformwechslern zur Offenheit des allgemeinbildenden Schulsystems. Zeitschrift für Soziologie 26 1997. S. 59.
13 Vgl. Ditton 2007 254ff.
14 Vgl. Kob, Jan Peter: Erziehung in Elternhaus und Schule. Stuttgart: 1963. Enke Verlag. S. 67.
15 Vgl. Merkens, Hans und Anne Wesel: Zur Genese von Bildungsentscheidungen. Eine empirische Studie in Berlin und Brandenburg. Hohengehren: Schneider. 2002. S. 285.

genität, mit welcher der Lehrer arbeiten muss. Diese unterschiedlichen Leistungsstände bei den Schüler steigen in der Regel während der Schulzeit noch an. Vor allem durch den Schulwechsel nach der Primarstufe werden diese noch zusätzlich gefördert.

Die „Rational-Choice" knüpft hier an. Eine Kosten-Nutzen-Kalkulation kommt bei der Laufbahnentscheidung des Kindes zum Tragen. Je nach sozialer Herkunft der Familie greift der sekundäre Herkunftseffekt. Je höher die Bildungsaspiration der Eltern, desto größer die Erwartungen, die auf dem Kind liegen. Kinder und vor allem deren Eltern aus höheren Bildungsschichten sind am eigenen Statuserhalt besonders interessiert. Sie sind zuversichtlicher bezüglich einem erfolgreichen Abschluss, da die schulin- und -externe Förderung gesichert ist. Dem gegenüber steht die klassische Arbeiterschicht. Hier werden weniger häufig höhere Schulformen besucht, da die Wahrscheinlichkeit des Schulerfolgs geringer scheint. Der Rational-Choice-Ansatz hat in Bezug auf Bildungsentscheidungen verschiedene Akteure, wobei das Augenmerk hier besonders auf die Eltern und Lehrer gelegt wird. Bildungsentscheidungen bedeuten prinzipiell für Eltern und Lehrer, dass sie erstmals das Beste für ihr Kind beziehungsweise ihren Schüler wollen. Die Entscheidung für eine Schulform wird jedoch nur aufgrund von Prognosen aus der gegenwärtigen Schulleistung getroffen. Eine prognostische Validität in Bezug auf die Übertrittsberatung herrscht. Viele Lehrer berücksichtigen zusätzlich auch leistungsfremde Kriterien, dennoch ist auch hier der Unterschied der sozialen Schichten erkennbar.[16] Aus einer Studie von Heller, Rosemann und Steffens aus dem Jahr 1978 geht hervor, dass 27 – 45% aller Schüler, die eine Hauptschulempfehlung von ihrem Lehrer bekommen haben, erfolgreich auf dem Gymnasium waren. Bei potentiellen Realschülern haben 44 – 73% auf dem Gymnasium gut abschnitten. In Bezug auf die Gymnasiumsempfehlung waren 71 – 83% dort auch erfolgreich.[17] Jürgens bestätigt diese Untersuchungen 11 Jahre später erneut. Dies zeugt von einer hohen Unsicherheit seitens des Lehrerurteils. Angehörige Eltern der Mittel- und Oberschicht weichen bis zu doppelt so häufig von der Lehrerempfehlung ab, als Eltern aus

---

16 Vgl. Ditton 2007 257f.
17 Vgl. Heller, Kurt, Bernhard Rosemann, und Karl-Heinz Steffens: Prognose des Schulerfolgs. Eine Längsschnittstudie zur Schullaufbahnberatung, Weinheim: Beltz. 1978. S. 132.

der unteren Schicht.[18]

In Bezug auf die Familie bedeutet eine Bildungswahlentscheidung primär den Erhalt der sozialen Position. Die auftretenden Kosten der Ausbildung werden mit dem spätere Nutzen abgewogen; ob sich gegenwärtige Investitionen in die Bildung so lohnen, dass später eine gute Leistung folgt.

Lehrer hingegen sollten sich fragen, ob für die Eltern die Kosten der Ausbildung tragbar sind und ob sie bei Bedarf auch fähig sind, ihr Kind individuell zu fördern. Hier siedelt sich der Vorteil der höheren Schichten an, denn der Kostenfaktor spielt bei ihnen eine verhältnismäßig geringe Rolle.[19]

Wo die Eltern parteiisch entscheiden, sollen die Lehrer objektiv urteilen, doch sie unterliegen „strukturellen Zwängen"[20]. Sie sind verpflichtet, die Nachfrage auf die Schulplätze mit dem jeweiligen Angebot abzugleichen und dies bei der Empfehlung zu berücksichtigen. Eltern hingegen achten bei der neuen Schule eher darauf, ob sie sich in einer für das Kind zumutbaren Entfernung zum Wohnort befindet. Der jeweilige Ruf der Schule in Bezug auf Förderung, Kompetenzerwerb und auch die Durchlässigkeit werden von sowohl Eltern als auch Lehrern mitbedacht.[21]

Auf die Gesellschaft bezogen ist bei dem weiteren Werdegang der Schüler die Vergabe von Bildungstiteln entscheidend. Soziale Positionen sollen bestiegen werden, was aber gewisse Qualifikationen voraussetzt. Viele dieser Qualifikationen werden in der Schule gelehrt, sodass auch diese gezielt nach entsprechendem Ruf von vor allem Eltern, aber auch Lehrern, ausgewählt wird.

---

18 Vgl. Jürgens, Eiko: Lehrer empfehlen – Eltern entscheiden! Die Bewährung empfohlener und nicht-empfohlener Orientierungsstufenschüler im weiterführenden Schulsystem. Die Deutsche Schule 81: 1989. S. 394.
19 Vgl. Ditton 2007 S.260.
20 Ditton 2007 S.261.
21 Vgl. Ditton 2007 260f.

3. Lehrerempfehlungen anhand der PISA- und IGLU-Studien

Nachdem 2003 in der PISA-Studie die getesteten 15-jährigen Schüler im Ländervergleich unterdurchschnittlich abschnitten und das Ergebnis eine große Streuung beinhaltete, war bei den Ergebnissen der IGLU-Studie 2006 eine deutliche Leistungssteigerung zu verzeichnen. Hier wurden die Lese- und Rechtschreibkompetenzen der Viertklässler überprüft, welche im internationalen Vergleich überdurchschnittlich ausfiel.

Das Problem des Leistungsabfalls der Schüler muss also zwischen den Klassenstufen 4 und 8 liegen. Angesiedelt ist hier der Übergang auf eine andere Schule beziehungsweise die Aufteilung auf das dreigliedrige Schulsystem.

Die Ergebnisse der IGLU-Studie 2006 zeigen, dass die Lehrerempfehlungen, welche Schule das Kind besuchen soll, nicht immer mit den gemessenen Kompetenzen übereinstimmen. Ein Kind aus der obersten Schicht erhält im Durchschnitt bei dem Punktwert von 537 eine Gymnasialempfehlung, wogegen Kinder un- und angelernter Arbeiter hierfür 614 Punkte erreichen müssen. Es herrscht auch keine einheitliche Regelung zur Benotung von Lese- und Rechtschreibkompetenzen. Schüler werden durch die erhaltene Punktzahl zwar mit den Mitschülern vergleichbar gemacht, jedoch nicht im schulübergreifenden Bereich. Weiterhin ist auch fraglich, wie bei Schülern mit einer Lese-Rechtschreibschwäche verfahren wird. Die Vergleichbarkeit ist also nur scheinbar gegeben.

Die Hürde für Gymnasialempfehlungen sank zwischen den Jahren 2001 und 2006 bei den Kindern der oberen Schichten, stieg jedoch bei den Kindern der unteren Schichten an. Lehrer erwarten von zweiteren tendenziell mehr Leistung für die gleiche Vergütung.

Kompetenzstufe		Skalenbereich der Fähigkeit
I	Dekodieren von Wörtern und Sätzen	< 400
II	Explizit angegebene Einzelinformationen in Texten identifizieren	400 - 475
III	Relevante Einzelheiten und Informationen im Text auffinden und miteinander in Beziehung setzen	476 - 550
IV	Zentrale Handlungsabläufe auffinden und die Hauptgedanken des Textes erfassen und erläutern	551 - 625
V	Abstrahieren, Verallgemeinern und Präferenz begründen	> 625

Abbildung 1: Kompetenzstufen und Skalenwerte – Leseverständnis. Quelle: IGLU 2006

Kinder aus oberen Schichten müssen nur die Kompetenzstufe III ("Relevante Einzelheiten im Text auffinden und miteinander in Beziehung setzen") erreichen, wogegen Kinder aus unteren Schichten die Kompetenzstufe V ("Abstrahieren, Verallgemeinern und Präferenz begründen") für eine entsprechende Empfehlung brauchen. Je niedriger also die Schicht, desto mehr Leistung muss das jeweilige Kind erbringen, um eine gute Note beziehungsweise eine Gymnasiumsempfehlung zu bekommen. Dass Arbeiter ihre Kinder also weniger häufig aufs Gymnasium schicken möchten, liegt also nicht an ihnen selbst, sondern eher an den Lehrerempfehlungen, die verhältnismäßig erst bei mehr gezeigter Leistung ausgesprochen wird. Eltern halten ihre Kinder bei einem Skalenwert von 606 Punkten für gymnasiumstauglich, wogegen Lehrer eine Empfehlung bei Arbeiterkindern durchschnittlich erst bei 614 Punkten aussprechen.

	Gruppenspezifischer Standard ('kritischer Wert') für eine Gymnasialpräferenz der Lehrkräfte		Gruppenspezifischer Standard ('kritischer Wert') für eine Gymnasialpräferenz der Eltern	
Obere Dienstklasse (I)	537	(551)	498	(530)
Untere Dienstklasse (II)	569	(565)	559	(558)
Routinedienstleistungen (III)	582	(590)	578	(588)
Selbstständige (IV)	580	(591)	556	(575)
Facharbeiter und leitende Angestellte (V, VI)	592	(603)	583	(594)
Un- und angelernte Arbeiter, Landarbeiter (VII)	614	(601)	606	(595)
Gesamt	580	(581)	565	(572)

Abbildung 2: Gruppenspezifische Standards ('kritische Werte') für die Gymnasialpräferenzen der Lehrkräfte und der Eltern – Gesamtskala Lesen (Werte für 2001 in Klammern). Quelle: IGLU 2001 + 2006.

Lehrer verfahren also nicht objektiv, sondern erteilen mit prognostischer Validität die Schulempfehlungen. Akademikerkindern werden aufgrund der sozialen Herkunft mehr Möglichkeiten eingeräumt als Arbeiterkindern. Es können mehr Wagnisse und riskantere Spekulationen vorgenommen werden, denn durch die vorhandenen Mittel der Eltern können eventuelle Fehltritte, wie eine falsch gewählte Schulform durch beispielsweise individuelle Intensivförderung, ausgeglichen werden. Lehrer kalkulieren diese Tatsache bei ihren Empfehlungen mit ein.[22] Der Kontakt zu den jeweiligen Eltern spielt eine nicht unerhebliche Rolle. Meist sind Eltern aus höheren Schichten engagierter und mehr am Wohl ihres Kindes interessiert.[23] Sie sind bereit, viel für die Leistungsförderung zu investieren und setzen sich tendenziell mehr für eine Gymnasiumsempfehlung ihres Kind ein. Diese sehen Eltern aus hohen Schichten bei einem Punktwert von durchschnittlich 498 Punkten für angebracht. Vor allem Lehrer des Gymnasiums konzentrieren sich eher auf die besseren Schüler, weil sie bestrebt sind, eine Elite auszubilden, als auch die schlechteren Schüler engagiert zu fördern.[24]

---

22 Vgl. Ditton 2007 S. 252f.
23 Vgl. Preuß, Ottmar: Soziale Herkunft und die Ungleichheit der Bildungschancen. Weinheim: Beltz. 1970. S. 112.
24 Vgl. Ditton 2007 S. 256ff.

9

Die Abbruch- und Wechselquote ist bei Akademikerkindern geringer als Arbeiterkindern. Schüler der oberen Schicht bleiben bei mehreren schlechten Note noch auf dem Gymnasium, während Schüler der unteren Schicht bei einer schlechten Note schon die Schulform wechseln.[25]

4. Fazit

Die Leistungsbeurteilungen und Schullaufbahnempfehlungen sollten standardisierter sein. Bei der Empfehlung müssen nach den Noten des Kindes auch pädagogische Einschätzungen des Lehrers zu tragen kommen. Es wird überlegt, das Schulrecht vor das Elternrecht zu stellen. Übergangsempfehlungen des Grundschullehres sollen verbindlich werden, wenn sie es nicht sogar schon sind. Doch die PISA-Studie 2000 zeigt auch, dass 73% aller Realschüler und 69% aller Hauptschüler, die ihre Schulform wechseln, eine zu hohe Empfehlung durch den Primarstufenlehrer erhalten haben. Diese falschen Beurteilungen durch das Lehrpersonal ist deutlich höher (24-mal bei Realschülern, 9-mal höher als bei Hauptschülern[26]) als eine falsche Bildungsaspiration durch die Eltern. Dass ein Schulformwechsel während der Laufbahn eher negativ als förderlich für einen Schüler ist, liegt auf der Hand.

Durch objektivere Bildungs- und Leistungsstandards, zum Beispiel mithilfe von regelmäßigen Evaluationen zur Leistungssteigerung beziehungsweise Qualitätserhalt, werden die Chancen eines jeden Kindes enorm erhöht. Sozio-kulturelle Einflüsse werden so langfristig gesehen abgeschwächt. Geführte Gespräche über die Leistungen des Kindes zwischen den Lehrern und Eltern bringen realistische Einschätzungen in Bezug auf den Bildungserfolg.

Auf schulstruktureller Ebene wird die Chancenungleichheit durch einzelne Faktoren dennoch reproduziert. Durch die neuen Lernmethoden, wie beispielsweise das Arbeiten mit dem

---

25 Vgl. Bofinger, Jürgen: Neuere Entwicklungen des Schullaufbahnverhaltens in Bayern: Schulwahl und Schullaufbahnen an Gymnasien, Real- und Wirtschaftsschulen von 1974/1975 bis 1986/87. München: Ehrenwirth. 1990. S. 134.
26 http://www.ler-nrw.de/archiv/Block_GS_Empfehlung.pdf
(Stand: 01.09.2010)

Computer, verstärken sich die Leistungsunterschiede noch zusätzlich, da gewisse Qualifikationen nicht mehr in der Schule gelehrt, sondern bereits als Voraussetzung angesehen werden.[27] Kinder, die mit einem Computer aufgewachsen sind und damit umzugehen wissen, können in der Schule bereits damit arbeiten, während andere Kinder dies erst noch lernen müssen. Somit wird der Startvorsprung also nicht auf längerer Sicht minimiert, sondern ganz im Gegenteil, vergrößert.

Der gegenwärtige Selektionszeitpunkt ist zu früh angesiedelt. Kinder wechseln mit ihrem zehnten Lebensjahr von der Grund- auf eine weiterführende Schule. Mit dieser Wahl werden meist die Weichen für das weitere Leben des Sprösslings gestellt. Als gutes Alter für den Übergang auf die weiterführende Schule wird die siebte Klasse empfohlen. Die Persönlichkeiten der Kinder sind gefestigter und das Lernverhalten ist bis zu diesem Alter besser in Bezug auf Leistungsschwankungen beobachtbar. Die Wahl der Schule bestimmt meist den Werdegang des Kindes ab der frühsten Kindheit, da die Durchlässigkeit im deutschen Schulsystem mehr als dürftig gestaltet ist. Das Schulministerium proklamiert dies jedoch anders.

> Die Bildungsgänge sind so aufeinander abzustimmen, dass für die Schülerinnen und Schüler der Wechsel auf eine begabungsgerechte Schulform möglich ist (Durchlässigkeit).[28]

Eine Entkopplung vom nominellen Bildungsgang führt weg von der frühen und entscheidenden Weichenstellung innerhalb der Schulform. Eine allgemeine Gesamtschule für alle würde eine zu frühe Aufteilung auf ein dreigliedriges Schulsystem hinfällig werden lassen. Die individuellen Schülerleistungen würden dann innerhalb der Schule entsprechend gefördert und Schüler erreichten aufgrund derer eine passende Ausbildung. Die Flexibilität der Schullaufbahn würden eine individuelle Entfaltung des Kindes ermöglichen, denn innerhalb des Schulsystems wäre ein Auf- oder Abstieg weniger einschneidend als ein sofortiger Schulwechsel es wäre. Schüler würden stärker integriert werden und die Chancenungleichheit könnte bis auf ein Minimum reduziert werden.

---

27 Vgl. DiMaggio, Paul: Cultural Capital and School Success: The Impact Of Status Culture Participantion on the Grades of U.S. High School Students. American Sociological Review 47: 1982. S. 197f.
28 http://www.schulministerium.nrw.de/BP/Schulrecht/Gesetze/SchulG_Info/Schulgesetz.pdf
(Stand: 30.08.2010)

Eine anfangs erwähnte absolute Bildungsgleichheit entspricht einem Wunschdenken, das nur mit einer komplett homogenen Gesellschaft möglich wäre.

5. Literaturverzeichnis

Bargel, Tino und Manfred Kuthe: Regionale Disparitäten und Ungleichheiten im Schulwesen. In: Peter Zedler (Hrsg.): Strukturprobleme, Disparitäten, Grundbildung in der Sekundarstufe I. Weinheim: Deutscher Studien Verlag. 1992. S. 41-105.

Baumert, Jürgen: PISA 2000. Basiskompetenzen von Schülerinnen und Schülern im internationalen Vergleich. Opladen:. Leske + Budrich. 2000.

Blossfeld, Hans Peter: Sensible Phasen im Bildungsverlauf. Zeitschrift für Pädagogik 34 2008. S. 45-64.

Bofinger, Jürgen: Neuere Entwicklungen des Schullaufbahnverhaltens in Bayern: Schulwahl und Schullaufbahnen an Gymnasien, Real- und Wirtschaftsschulen von 1974/1975 bis 1986/87. München: Ehrenwirth. 1990.

Boudon, Raymond: Education, Opportunity, and Social Inequality. Changing Prospects in Western Society. New York [u.a.]: John Wiley & Sons.1974.

DiMaggio, Paul: Cultural Capital and School Success: The Impact Of Status Culture Participantion on the Grades of U.S. High School Students. American Sociological Review 47: 1982. S. 189-201.

Ditton, Hartmut: Der Beitrag von Schule und Lehrern zur Reproduktion von Bildungsungleichheit. In: Becker, R./Lauterbach, W. (Hrsg.): Bildung als Privileg. Erklärungen und Befunde zu den Ursachen der Bildungsungleichheit. Wiesbaden: Verlag für Sozialwissenschaften. 2. aktualiserte Ausgabe 2007. S. 251-279.

Heller, Kurt, Bernhard Rosemann, und Karl-Heinz Steffens: Prognose des Schulerfolgs. Eine Längsschnittstudie zur Schullaufbahnberatung, Weinheim: Beltz. 1978.

Henz, Ursula: Der Beitrag von Schulformwechslern zur Offenheit des allgemeinbildenden Schulsystems. Zeitschrift für Soziologie 26 1997: 53-69.

Jürgens, Eiko: Lehrer empfehlen – Eltern entscheiden! Die Bewährung empfohlener und nicht-empfohlener Orientierungsstufenschüler im weiterführenden Schulsystem. Die Deutsche Schule 81: 1989. S. 388-400.

Kob, Jan Peter: Erziehung in Elternhaus und Schule. Stuttgart: 1963. Enke Verlag.

Koller, Peter: Soziale Gleichheit und Gerechtigkeit. In: Hans-Peter Müller und Bernd Wegener (Hrsg.): Soziale Ungleichheit und soziale Gerechtigkeit. Opladen: Leske + Budrich. 1995. S.53-79.

Korczack, Dieter: Lebensqualität-Atlas. Umwelt, Kultur, Wohlstand, Versorgung, Sicherheit und Gesundheit in Deutschland. Opladen: Westdeutscher Verlag. 1995.

KMK – Sekretariat der Ständigen Konferenz der Kultusminister der Länder in der Bundesrepublik Deutschland, 2003: Übergang von der Grundschule in die Schulen des Sekundarbereichs I. Informationsunterlage. Bonn: (II A1/ Fu – 2411).

13

Merkens, Hans und Anne Wesel: Zur Genese von Bildungsentscheidungen. Eine empirische Studie in Berlin und Brandenburg. Hohengehren: Schneider. 2002.

Preuß, Ottmar: Soziale Herkunft und die Ungleichheit der Bildungschancen. Weinheim: Beltz. 1970.

http://www.ler-nrw.de/archiv/Block_GS_Empfehlung.pdf
(Stand: 01.09.2010)
http://www.iglu.ifs-dortmund.de/assets/files/iglu/IGLU2006_Pressekonferenz.doc.
(Stand: 29.08.2010)
www.schulministerium.nrw.de/BP/Schulrecht/Gesetze/SchulG_Info/Schulgesetz.pdf
(Stand: 30.08.2010)

Anmerkung:

Die Techniken zum wissenschaftlichen Arbeiten dieser Ausarbeitung stammen aus:

Moennighoff, Burkhard / Eckhardt Meyer-Krentler: Arbeitstechniken Literaturwissenschaft. 12. korrigierte und aktualisierte Auflage. Paderborn: Wilhelm Fink Verlag 2005